Wolfgang Caspar Prinz von Waldthurn

Wissenschafts- und Kunstübung von der Octav

Allen deutsch gesinnten Liebhabern musikalischer Wissenschaften...

Wolfgang Caspar Prinz von Waldthurn

Wissenschafts- und Kunstübung von der Octav
Allen deutsch gesinnten Liebhabern musikalischer Wissenschaften...

ISBN/EAN: 9783743467309

Hergestellt in Europa, USA, Kanada, Australien, Japan

Cover: Foto ©Thomas Meinert / pixelio.de

Manufactured and distributed by brebook publishing software
(www.brebook.com)

Wolfgang Caspar Prinz von Waldthurn

Wissenschafts- und Kunstübung von der Octav

EXERCITATIONUM MUSICARUM
THEORETICO - PRACTICARUM
CURIOSARUM
SECUNDA
De

OCTAVA:

Oder/
Andere Curiose Musicalische

Wissenschafft - und

Kunst - Übung

von der OCTAV;

Allen Deutsch-gesinnten Liebhabern Musicalischer
Wissenschafften zu fernern Nachdencken und besserer
Ausübung vorgestellet von

Wolfgang Caspar Printzen / von Waldthurn/
der Reichs-Gräfl. Promnitz. Capell-Music bestallten
Dirigenten und Cantore zu Sorau.

Franckfurt und Leipzig/
In Verlegung Johann Christoph Miethens/ 1687.

Denen Hochwürdigen / Hoch- und Wohlge-
gebohrnen/ Hoch-Edelgebohrnen/ Gestrengen/ Vesten
und Hochbenahmten / wie auch Wohl-Edlen/ Vesten/ Groß-
Achtbaren/ Hoch- und Wohlweisen/ Hoch- und
Wohlgelahrten Herren/

Herren N. N. N. Prälaten/
Grafen/ Herren/ denen von der Rit-
terschafft und Städten/ sämtl. hochansehnlichen
Herren Ständen des Marggrafthums
Nieder-Lausitz/ ꝛc. ꝛc.

Meinen respective Gnädigen und Hochgeehr-
testen Herren/

Insonderheit aber
Dem Hoch- und Wohlgebohrnen Grafen
und Herrn/

Herrn Ulrichen/ des H. Röm.
Reichs Grafen von Promnitz/
Herrn auf Forst und Pförten/ Frey-Herrn der Standes
Herrschafft Pleß / auf Sorau / Triebel und Naum-
burg/ ꝛc. ꝛc. Hoch-meritirten General-Ma-
jeurn, &c.

Meinem gnädigen Grafen und
Herrn/

A 2   Wie

Wie auch
Dem Hoch- und Wohlgebohrnen Grafen
und Herrn/

Herrn Balthasar Erdmann/

des Heil. Röm. Reichs Grafen von Promnitz/
Frey-Herrn der Standes-Herrschafft Pleß/ auf So-
rau/ Triebel und Naumburg/ Erb-Herrn zu Hal-
bau/ Kunau und Buhrau rc. rc.

Meinem Gnädigen Grafen und
Herrn/

Ubergiebet / dediciret und consecriret diese
curiose Musicalische Wissenschafft- und
Kunst-Ubung

unterthänig und
gehorsamst

der Autor.

I. N. J.

§. I.

JN vorhergehender Ersten Musicalischen Wissenschafft- und Kunst-Ubung haben wir von dem Unisono gehandelt: Weil wir nun gesonnen seyn/ Ordinem Perfectiônis, oder die Ordnung der Vollkommenheit in acht zu nehmen; so müssen wir nothwendig in dieser andern Exercitation von der Octav reden: Sintemahl dieselbe unter denen Concordantiis, welche in Proportione Inæqvalitatis ihr Wesen haben/ die allervollkömmenste und perfecteste ist/ wie wir hernach beweisen wollen.

§. 2. Sie wird aber Octava genennet/ weil in Genere modulandi Diatonico, deren anderer Sonus der achte von dero ersten ist/ und derowegen in Musica Signatoria sie den achten Ort von dem ersten an einnimmet:

Woher Octava ihren Namen habe.

$$\begin{array}{ll} \text{—} & 8 \\ \text{—} & 7 \\ & 6 \\ \text{—} & 5 \\ & 4 \\ \text{—} & 3 \\ & 2 \\ \text{—} & 1 \end{array}$$

§. 3. Sie wird auch Diapason διὰ πασῶν genennet: Weil sie alle andere Concordantien entweder in sich begreifft/ oder doch mit denenjenigen/ so sie in sich begreifft/ und ihr selbst componirt/ machet.

A 3

§. 4.

Was Octa-
va ſey.

§. 4. Jhre Definition iſt dieſe: Die Octav iſt eine vollkommene und perfecte Concordanz, deren Weſen beſtehet in
Proportione Duplâ, deren Termini radicales ſeyn 2 - 1.

§. 5. Umb zu beweiſen / daß ſie eine vollkommene Concordanz ſey / muͤſſen wir vorhero beſehen / worinnen die Vollkommenheit

Worinnen einer Concordanz beſtehe.
die Voll-
kommenheit
einer Con-
cordanz be-
ſtehe.

§. 6. Der beruͤhmte Kircherus ſpricht in Muſurgiâ: Perfectæ Conſonantiæ ſunt, qvæ intra hoſce qvatuor primos numeros 1. 2. 3. 4. concluduntur, ſuntqve partim in multiplici,
partim in Superparticulari proportione, uti Dupla, Sesqvialtera, Sesqvitertia. Tripla, Qvadrupla, reſpondentqve Octavæ, Qvintæ, Qvartæ, Duodecimæ, Decimæqvintæ. Dicun-
turqve perfectæ, ſive ob perfectionem numerorum, ſive
qvod ſolæ ſatisfaciant auditui, ita ut qvi eas perceperit, inter
ſe aptè coordinatas, nihil diſcrepans, & incongruum perci-
piat, cujus qvidem rei cauſa alia non eſt, niſi ſimplicitas numerorum tales conſonantias efficiens. Das iſt: Vollkommene Conſonantien ſeyn / welche in dieſe erſten vier Zahlen 1. 2. 3. 4.
eingeſchloſſen werden / und ſeyn theils in Multiplici, theils in Superparticulari proportione, als Dupla, Sesqvialtera, Sesqvitertia, Tripla und Qvadrupla, nemlich Octava, Qvinta, Qvarta, Duodecima und Decimaqvinta. Sie werden vollkommen
genennet / entweder wegen der Vollkommenheit der Zahlen / oder
weil ſie allein das Gehoͤr vergnuͤgen / alſo / daß derjenige / welcher
ſie geſchickt unter einander geordnet vernommen / nichts Wi-
derwaͤrtiges / Ubel-lautendes / oder Zwietraͤchtiges / noch Unbe-
qvemes oder Ungereimtes vernimmet / welcher Sache keine andere Urſach iſt / als die Simplicitaͤt / oder Einfaͤltigkeit und Kleinheit der Zahlen / welche dieſe Conſonantien macht.

§. 7. Mit dem Kirchero ſtimmen uͤberein faſt alle beruͤhmte
und fuͤrtreffliche Muſici, ſonderlich aber Joſephus Zarlinus, Vicen-
tius Galilei, Sethus Calviſſus, Johannes Lippius, Heinricus
Bar-

Bariphonius, Heinricus Grimmius, und sehr viel andere/ die ich beliebter Kürtze halber nicht nennen kan.

§. 8. Ich solte zwar diesen fürtrefflichen und berühmten Musicis auch Beyfall geben / und es mit ihnen halten / aus Beysorge/ man möchte mich sonsten für einen eigensinnigen Kopf halten / der sich nur alleine klug zu seyn dünckete: Allein der günstige Leser wird verhoffentlich ein Besseres von mir urtheilen / wenn er meine Rationes wird vernommen haben/ welche ich nur exercitii gratiâ vorstellen will; keines weges aber obbemeldte fürtreffliche Musicos, derer Gedächtnis ich verehre/ und hochhalte/ zu beschimpfen/ oder ihre Autorität zu verringern; einen ieden freystellende/ entweder Jhnen/ oder mir Beyfall zu geben.

§. 9: Will ich dannenhero/ ehe ich meine Meinung vorstelle/ betrachten die Rationes, umb welcher willen sie die Octav, Qvint und Qvart für vollkommene Concordantien halten/ deren aus des Kircheri Worten sich zwo hervor thun.

§. 10. Die erste ist die Vollkommenheit der Zahlen 1.2.3.4. Was für eine Perfection, oder Vollkommenheit hier zu verstehen sey/ saget Kircherus nicht/ wie ich wohl wünschen wolte. Doch muß dieselbe entweder Mathematica, oder Metaphysica seyn.

§. 11. Perfectio Mathematica kan es nicht seyn; weil dieselbe zur Vollkommenheit einer Concordanz im geringsten nichts thut. Denn die Perfectio Mathematica numori bestehet in æqvalitate partium ejus aliqvotarum simul sumptarum, & totius numeri: Est enim numerus Perfectus (secundum Euclidem) qvi partibus suis (aliqvotis) simul sumptis æqvalis est. Eine vollkommene Zahl ist/ welche gleich so viel Unitäten in sich hält/ als alle ihre partes aliqvotæ, oder alle Zahlen/ so sie dergestalt dividiren/ daß nichts übrig bleibt. Ex. gr. Die sechste Zahl/ deren partes aliqvotæ alle seyn 1.2.3. denn 1. dividiret 6. daß nichts übrig bleibt/ 2. ingleichen; also auch 3. 1.2. und 3, aber machen gleich 6. Jst also 6. die erste vollkommene Zahl Mathematisch zu reden. Nun ist unter denen obererwehnten Zahlen 1.2.3.4. keine einzige perfect. Denn 1. ist gar kein

Nu-

Numerus, ſondern Principium numeri, und hat keinen partem aliqvotam, 2. und 3. können allein mit 1. dividiret werden/ daß nichts übrig bleibet; 1. aber iſt der zweyten und dritten Zahl nicht gleich / ſondern kleiner. Der vierdten Zahl partes aliqvotæ ſeyn 1. und 2. welche aber zuſammen nur 3. machen/und alſo der vierdten Zahl nicht gleich ſeyn. Ergo müſte folgen / daß unter dieſen Concordantien / der Octava, Qvinta, Qvarta, Duodecima und Decima qvinta, keine perfect ſeyn könte; welches abſurdum oder ungereimt wäre. Hergegen/ weil der Major terminus Tertiæ minoris 6. iſt / ſo müſte folgen / daß dieſelbe allein eine vollkommene Concordanz wäre; welches abermals ungereimt und abſurd wäre.

§. 12. Die Perfectio Metaphyſica iſt entweder Tranſcendentalis, oder Naturalis, oder Moralis, oder Artificialis.

§. 13. Die Perfectio Metaphyſica Tranſcendentalis thut gleichfalls nichts zur Vollkommenheit der Concordantien. Denn dieſelbe iſt / wenn einem Dinge nichts kan hinzu gethan werden zu ſeinem Weſen. Nun ſeyn nicht allein die Zahlen 1. 2. 3. 4, ſo beſchaffen/ daß ihnen nichts hinzu gethan werden kan ad eſſentiam ipſorum / ſo ſie anders ihren Nahmen und Weſen nicht verliehren ſollen / ſondern auch alle andere Zahlen. So nun dieſe Perfectio numerorum Urſach wäre an der Vollkommenheit der Concordantien/ ſo folgte daraus/ daß gar keine imperfecte Concordanz, ja gar keine Diſſonanz ſeyn könte/ ſondern alle Intervalla müſten vollkommen concordiren; weil ſie alle numeris Perfectione Tranſcendentali perfectis beſtehen; welches abermals ein greuliches abſurdum wäre.

§. 14. Perfectionem naturalem, welche iſt/ wenn einem Dinge nichts hinzu gethan werden kan / qvoad naturæ bonitatem, was anlanget die Gütigkeit oder Fürtrefflichkeit der Natur deſſelben/ kan Kircherus auch nicht verſtehen: Denn dieſe ſetzet er pro Ratione ſecundâ, und disjungiret ſie von der erſten durch die Wörtlein ſive, ſive, entweder / oder.

§. 15. Perfectio Moralis hat hier gleichfalls nichts zu thun:
                                                                    weil

weil die Numeri mit denen Virtutibus moralibus eigentlich keine Gemeinschafft haben.

§. 16. Perfectio Artificialis kan auch nicht statt haben: weil die numeri nicht ex arte oder Kunst / wie ein Hauß / Orgel und dergleichen entstehen / sondern vielmehr ex multitudine rerum. Ist also die erste Ratio Kircheri nichts / und von keinen Kräfften / es wäre dann / daß er doch Perfectionem naturalem verstünde / und durch die folgenden Worte nur die vorhergehende erklären hätte wollen; welches ich dahin gestellet seyn lasse.

§. 17. Die andere Ursach der Vollkommenheit der Concordantien / spricht Kircherus, sey die Vergnügung des Gehöres / welche entstünde ex simplicitate numerorum, welche dergleichen Concordantien verursachten / oder machten.

§. 18. Diese Vergnügung ist eben effectus Perfectionis Naturalis, als welche entstehet ex bonitate naturæ Proportionum, qvibus Concordantiæ Perfectæ consistunt, aus der Gütigkeit oder Vortrefflichkeit der Natur derjenigen Proportionum, in welchen die vollkommenen Concordantien ihr Wesen haben.

§. 19. Wie man aber diese Bonitatem naturæ Proportionum erkennen solle / muß hier nothwendig erkläret werden. Kircherus vermeynet / so viel ich aus seinen Worten schliessen kan / diese Bonitas käme her ex simplicitate numerorum perfectas Concordantias constituentium.

§. 20. Dieses laß ich gar wohl passiren / erinnere aber dabey / daß diese Simplicität verursache eine leicht-erkäntliche Proportion, deren andern Terminum die Natur nicht per accidens, sondern per se zu produciren selbst cooperiret / also / daß man Bonitatem naturæ Proportionis à posteriori, seu ex effectu erkennen könne. Und dergleichen Proportion ist keine / als Proportio Æqvalitatis, und Multiplex, deren beyde Termini numerum senarium, qvi primus perfectorum numerorum est, nicht überschreiten / wie gnugsam per experimenta bewiesen werden kan,

B   §. 21. Es

§. 21.　Es iſt ferner zu mercken/ daß/ weil eine iede Proportion nicht aus einem/ ſondern zwepen Terminis beſtehet/ die Simplicität oder Kleinheit der Zahlen nicht aus ieder abſonderlich-betrachteter Zahl ſoll geurtheilet werden; ſondern vielmehr aus bepden zugleich/ derge-ſtalt/ daß/ wenn bepde Termini Proportionis zuſammen addiret die ſechſiſte Zahl nicht überſchreiten/ dieſelben für klein/ oder ſimplices numeros geachtet werden.　Ex. gr.　Die Termini Proportionis Æqvalitatis 1 - 1. zuſammen addirt/ machen numerum binarium oder die andere Zahl.　Die Termini Proportionis Duplæ 2 - 1. machen 3.　Triplæ 3 - 1. thun 4.　Qvadruplæ 4 - 1. fünfe.　Qvintuplæ 5 - 1. ſechſe.

§. 22.　Ferner iſt dieſes zu mercken/ daß man die Perfection einer Concordanz nicht eben præciſe ſol hernehmen aus derſelben/ indem ſie ſimplex iſt/ ſondern vielmehr zugleich auch aus allen ihren Compoſi-tis, deſſen Urſach iſt weil die Conſonantia ſimplex niemals ſo ſchlech-ter Dinges gehöret werden kan/ daß nicht zugleich deren Compoſitæ Reſonanz mit gehöret werde: wie derjenige geſtehen wird/ der genau Achtung geben wird auf den Uniſonum Deſolatum.　Denn ſo offt er eine Saite anſchlagen wird/ wird er zugleich die Octav deſſelben So-ni, wiewohl ſubtiler Weiſe/ mit vermercken.　Aus welchem Funda-ment dann auch die Regula, oder das Theorema Muſicum, entſte-het: De Octavis idem eſt judicium.

§. 23.　Darbep aber iſt noch zu erinnern/ daß in einer Conſo-nantia der gröſſere Terminus viel mächtiger ſep/ als der kleinere/ und jener dieſen auf gewiſſe Weiſe in ſich begreiffe.　Denn ex hypotheſi Muſicâ verhält ſich ein Sonus gegen dem andern/ wie eine Saite gegen der andern.　Nun werden in der gröſſern Saiten alle kleinere begriffen/ nicht aber die noch gröſſern.　Ergò werden in iedem Sono alle kleine-re oder höhere/ nicht aber tiefere oder gröbere begriffen.　Woraus gnug-ſam erhellet/ warum in dem Uniſono der höhere Terminus Octavæ; und nicht tiefere mit reſonire/ item, warum die Natur den kleinern/ nicht aber gröſſern Terminum Proportionis Multiplicis, cujus

termini

termini numerum fenarium non excedunt, ju produciren
cooperire.

§. 24. Weil auch alle Concordantiæ perfectæ aus unter-
schiedlichen Proportionibus bestehen / deren Termini zusammen addirt unterschiedliche Zahlen machen / so folget nothwendig / daß eine perfecte Concordanz doch noch über vollkommener sey / als die andere.
Denn weil die Bonitas naturæ Proportionis ex simplicitate terminorum entstehet / so folget unwidersprechlich / daß / ie kleiner die Termini Proportionis zusammen / ie vollkommener die Concordanz
sey.

§. 25. Droben in der ersten Exercitation §.33. habe ich ex Kirchero remonstrirt / daß die Lieblichkeit der Concordantien herkom-
me aus öfterer Vereinigung der Diadromorum: Hier muß ich noch
erinnern / erstlich / daß in denen Saiten die Proportio Concordantiarum sey majoris inæqvalitatis, aber in denen Diadromis minoris inæqvalitatis. Ex. gr. Auf denen Saiten ist Proportio
Octavæ Dupla; weil die grössere zween Theil hat / die kleinere nur einen. In denen Diadromis aber ist dieses umbgekehret / dergestalt / daß /
wenn die kleinere Saite 2. Diadromos macht / so macht die grössere
nur einen. Ist also Proportio Octavæ ratione Diadromorum
Subdupla.

§. 26. Fürs andere ist zu erinnern / daß die Vereinigung der
Diadromorum geschehe entweder absqve omni confusione in
Proportione Æqvalitatis, und Inæqvalitatis Multiplici; oder
cum certâ qvâdam confusione in allen andern Proportionibus.

§. 27. Wenn die Vereinigung der Diadromorum ohne ei-
nige Confusion geschicht / so wird der Menschliche Geist lieblicher affi-
cirt / als wenn sie mit einer Confusion geschicht. Denn dadurch wird
er keine Perturbation leyden / welche hergegen eine iedwede Confusion verursachet.

§. 28. Wenn aber die Vereinigung cum qvâdam confu-
sione geschicht / so ist die Perturbation des Menschlichen Geistes umb

ſo viel deſto geringer / umb wie viel die Confuſion kleiner und kürtzer iſt/ und ie zeitlicher dieſelbe durch die hernach folgende Vereinigung wieder aufgehaben wird.

§. 29. Umb wie viel aber die Perturbation des Menſchlichen Geiſtes kleiner und geringer iſt/ ie weniger wird ſie von demſelben addendiret oder apprehendiret. Hergegen/ umb wie viel dieſe ex confuſione Diadromorum entſtandene Perturbation gröſſer iſt/ und länger wäret/ ie mehr apprehendiret ſie der Menſchliche Geiſt. Wenn nun dieſe apprehenſion allzugroß iſt/ ſo wird er gar unluſtig und verdrießlich gemacht. Und iſt alſo dieſe apprehenſion die wahre Urſach/ warumb die ungeſchickt-und nicht leicht erkäntliche Proportiones disſoniren/ da hergegen diejenigen Proportiones, welche geſchickt/ und leicht erkäntlich ſeyn/ den Menſchlichen Geiſt lieblich afficiren/ und alſo conſoniren; weil dieſelben entweder gar keine/ oder doch geringe Confuſion, und daher entſtehende Perturbation verurſachen. Wovon künfftig nach und nach ein mehrers.

§. 30. Letzlich iſt zu wiſſen / daß die Natur iederzeit zum allererſten das Allervollkommenſte zu produciren ſuchet/ hernach aber/ wenn ſie ſchwächer wird / das Unvollkommenere. Woraus folget/ daß diejenige Concordanz, welche die Natur nach dem Uniſono zu produciren cooperiret/ die allervollkomunenſte nach dem Uniſono ſey/ und daß die Vollkommenheit nach und nach abnehme/ biß endlich gar Diſſonantien heraus kommen.

§. 31. Dieſem nach wende ich mich ad Scopum, und erweiſe/ daß die Octava nach dem Uniſono die allervollkommenſte Concordanz ſey.

Octava iſt nach dem Uniſono die allervollkommenſte Concordanz.

§. 32. Die erſte Ration nehme ich her á Simplicitate ſeu Parvitate Terminorum radicalium, und formire mein Argument alſo: Welche Conſonanz ihr Weſen hat in einer ſolchen Proportion, deren Termini in Proportione Inæqvalitatis die allerkleineſten/ und alſo dem Uniſono am allernechſten ſeyn/ dieſelbe iſt nach dem Uniſono die allervollkommenſte. Nun iſt die

Octav

Octav eine solche Consonanz, deren Wesen bestehet in einer solchen Proportion, deren Termini in Proportione Inæqvalitatis die allerkleinesten/ und also dem Unisono am allernechsten seyn. Ergo ist die Octav die allervollkommenste Concordanz nach dem Unisono.

§. 33. Major, oder der Vorsatz wird von keinem einzigen Musico Theoretico geläugnet/ und ist auch klar aus obgesetzten 19. und folgenden §. §. Denn weil Perfectio Concordantiæ ex Bonitate naturæ Proportionis herkommet/ Bonitas vero illa ex simplicitate seu parvitate Terminorum radicalium Proportionis Istius; so muß nothwendig diejenige Concordanz nach dem Unisono die allervollkommenste seyn/ deren Wesen in einer solchen Proportion bestehet/ deren Termini radicales in Proportione Inæqvalitatis die allerkleinesten seyn.

§. 34. Minorem, oder den Nachsatz beweise ich daher/ weil die Octav ihr Wesen in Proportione Duplá hat/ deren Termini radicales 2-1. seyn/ welche zusammen addirt nur 3. machen/ da des Unisoni termini radicales 1-1. zusammen addirt 2. thun/ welche der dritten Zahl die allernechste ist.

§. 35. Die andere Ration nehme ich her á proclivitate Naturæ ad productionem minoris termini, und formire das Argument also: Welcher Concordantiæ terminum minorem die Natur selbsten per se, und nicht per accidens zu produciren cooperiret/ dieselbe ist eine perfecte Concordanz. Nun cooperiret die Natur selbsten den minorem terminum Octavæ per se, und nicht per accidens zu produciren. Ergo ist die Octava eine perfecte Concordanz.

§. 36. Daß der Vorsatz/ oder Major, wahr sey/ erhellet gnugsam aus dem/ daß die Perfection einer Consonanz ex bonitate naturæ ejus herkommet/ die Natur aber auf keinerley Weise den minorem terminum einer Consonanz produciren könte/ wenn sie nicht solche Bonität bey derselben anträffe; wie gnugsam an denen Dissonantien zu sehen/ da die Natur nicht allein den kleinern Terminum

minum niemals produciren kan/ ſondern auch à productione
ejus gleichſam abhorriret.

§. 37. Daß ferner dasjenige vollkommener / was die Natur
per ſe, als dasjenige/ was ſie nur zufälliger Weiſe / oder per accidens, zu produciren cooperiret/ iſt meines Erachtens keines Be-
weiſes von nöthen: weil allezeit dasjenige/ was per ſe geſchicht/ voll-
kommener/ als das / was nur zufälliger Weiſe entſtehet: weil die Natur
jederzeit etwas Vollkommenes zu machen intendiret/ hergegen umb
das / was zufälliger Weiſe entſtehet / nicht bekümmert iſt. Und dieſes
iſt eben der Unterſcheid unter denen perfecten und imperfecten Conſonantien / daß nemlich die Natur die vollkommenen per ſe , die
unvollkommenen nur per accidens produciret. Worvon bald ein
mehrers.

§. 38. Minorem; oder den Nachſatz/ probiren wir experi-
mentis variis, und zwar wollen wir hier die Generaliora anführen/
aus welchen handgreiflich zu ſehen / wie die Natur alle vollkommene
Conſonantias per ſe, die unvollkommenen aber per accidens zu
produciren mit wircke. Da denn notatu dignum, oder merckens-
werth / daß die Natur die Sonos eben auf ſolche Weiſe/ wie die Zahlen
nach natürlicher Ordnung nach einander folgen/ zu produciren entweder cooperire, oder zulaſſe / nemlich 1-2-3-4-5-6. Woraus
gnugſam erhellet / wie genau die Natur ſelbſt mit unſerer Meynung
übereinſtimme; daß alſo derjenige nothwendig mit der Natur ſelbſt einen Streit anheben muß/ der meine Meynung beſtreiten will.

§. 39. Dieſem nach nehme ich vor mich das erſte General-
Experiment auf denen Saiten einer wohl-klingenden rein-geſtimmten
Harffen / oder andern Inſtrumento Polychordo, deren Saiten
nicht gedämpft ſeyn. Schlage an das C. ſo wirſtu vernehmlich mit-
hören c g c̄ c̄. ob gleich keine von dieſen Saiten angerühret worden/
auſſer von der durch die angeſchlagene Saite C. bewegte Lufft / welche Soni in numeris , weil die Proportiones, Diadromorum
oder minoris Inæqvalitatis hier ſtatt haben/ ſich alſo verhalten:

1·2·3·4·5.

C c g c̄ c̿   Schlägeſt du zugleich mit das c. an/ ſo wirſt du über vor-
beſagte Concordantien auch noch vernehmen g̅ c̅ c̅.
welche in natürlicher Zahl-Ordnung ſtehen/wie hier bey-
gezeichnet.   Produciret alſo die Natur per ſe dieſe
Concordantias: 1·2. Octavam, 1·3. Duodecimam, 1·4. Decimam qvintam, und 1·5. Decimam ſeptimam; per accidens aber 2·3. Qvintam, 3·4. Qvartam, 4·5. Ditonum, 3·5.
Sextam majorem, 5·6. Tertiam minorem,
und aus doppelter Anſchlagung auch 5·8. Sextam
minorem.   Weil aber Duodecima iſt Compo-
ſita Qvintæ, und Decima ſeptima ſecundò Compoſita Ditoni,
ſo gehören Qvinta und Ditonus, oder Tertia major, ob in 22. §. angeführter Ration zu denen Concordantiis perfectis; hergegen
Qvarta, Sexta major, Tertia minor und Sexta minor, weil ihre Compoſitæ niemahls per ſe von der Natur produciret werden/
ſeyn und bleiben Conſonantiæ imperfectæ.

§. 40.   Ich kan mir hier leicht einbilden/ daß diejenigen/welche
die Adyta Muſices noch nicht penetriret / und ihre Secreta verſtehen/
vermeynen werden/ daß die imperfectæ Concordantiæ eben ſo wohl/
als die perfectæ, per ſe von der Natur produciret werden; weil alle
dieſe Soni 2·3·4·5. von dem Sono 1. excitiret uñ beweget werden. Allein
ich muß ſie berichten/daß das Anſchlagen der Saite 1. die Saiten 2.3.nicht
beweget als Qvintam,ſondern als ihre Octavam und Duodecimam.
It. die Saiten 3. 4. werden nicht beweget / als Qvarta, ſondern als der
Saite 1. Duodecima und Decima qvinta.   Ingleichen die Saiten
4.5. reſoniren nicht als Tertia major, ſondern als der Saiten 1. Decima qvinta und Decima ſeptima.   Denn wenn die Natur in-
tendirte / und cooperirte dieſe Concordantien zu produciren/ ſo
müſte/ wenn die Saite 2. angeſchlagen würde / auch die Saite 3. mitklin-
gen.   Item, wenn 3. angeſchlagen würde / müſte auch die Saite 4. beweget

e	10.	5.
c	8.	4.
g	6.	3.
e	5.	-
c	4.	2.
g	3.	-
c	2.	1.
C	1.	

weget werden. Ingleichen/ wenn 3. angeſchlagen würde/ müſte 5. mit-
klingen/ welches aber gantz und gar nicht geſchicht. Intendiret alſo die
Natur/ durch das Anſchlagen der Saite/ nichts mehr/ als die Octavam, Duodecimam, Decimam qvintam, und Decimam ſeptimam zu produciren per ſe. Die übrigen entſtehen nur ex acci-
denti, welches auch daher abzunehmen : wenn man erſtlich die Saiten
3. 4. 5. abläſſet/ ſo wird doch die Saite 2. wenn 1. angeſchlagen wird/
klingen. Eben auf ſolche Weiſe klinget 3. item 4. und 5. allein mit
der Saite 1. wenn die andern abgelaſſen ſeyn/ und dieſe angeſchlagen
wird : Und da iſt im geringſten keine imperfecte Concordanz, noch
einige derſelben Compoſita zu vernehmen. Ja ob gleich auf der Harffen die Qvarta nebſt ihren Compoſitis zu finden/ ſo wird man doch/
wenn die Saiten 2. 3. 5. abgelaſſen/ und die Saite 1. angeſchlagen wird/
im geringſten keinen Schall/ auſſer der Decimæ qvintæ, vernehmen
können. Welches auch von andern imperfectis Conſonantiis wahr
befunden wird/ nicht aber von der Qvint und Tertia majore, als deren
Compoſitæ reſoniren.

　§. 41. Das andere General-Experiment nehmen wir auf
einer Saiten einer Baſs-Geigen/ Viola di gamba, oder auch des
Monochordi :
Wenn man mit A¹²⁰ .... G 40 30 24 15 B
dem Baſſen eines C D EFG H
Fingers die Sai-
te A. B. dämpfet/ auf die Weiſe/ wie auf der Harffen zu geſchehen pfleget/
und vom A. biß C. hinfähret/ dabey mit der rechten Hand die Saite A.
B. anſchlägt/ ſo wird man keinen rechten Sonum zuwege bringen kön-
nen/ biß der Finger der lincken Hand den Punct C. berühret/ alsdann
wird man die Octav gantz klar und wohl hören. Vom C. an biß D.
kan man gleichfalls keinen rechten Thon hören/ biß in den Punct D.
allwo die Duodecima annehmlich zu hören iſt. Vom D. biß E. hat
man wieder keinen vernehmlichen friſchen Schall/ biß in den Punct E.
da man Decimam qvintam höret. Wenn man ferner alſo fort füh-
ret/

ret / so wird man keinen recht-klingenden Schall hören / als nur in dem Punct F. wo Decima septima vernommen wird / in dem Punct G. wo Decima nona klinget / und in dem Punct H. wo Vigesima secunda gehöret wird / welches alles nirgends anders woher kommen kan / als ex bonitate Proportionis Multiplicis.

§. 42. Das dritte General-Experiment haben wir an denen Orgel-Pfeiffen. Wenn man nemlich eine Pfeiffe läst machen einer langen und engen Mensur: wenn man selbige mit schlechtem Wind anbläset / so giebt sie den Sonum fundamentalem, oder tieffsten Klang / der darauf gegeben werden kan: bläset man noch eins so starck / so höret man die Octav, wenn das Blasen noch mehr verstärcket wird / so hört man auch Duodecimam, Decimam qvintam, und Decimam septimam. Ausser welchen Klängen unmöglich ein anderer dazwischen kan zuwege gebracht werden. Woraus abermals Bonitas naturæ Proportionis Multiplicis, qvæ intra senarium reperitur, zur Gnüge erhellet.

§. 43. Dergleichen Experiment hat man auf dem Instrument, welches die Hirten in Bäyerland gebrauchen. Denn auf demselben kan man keinen andern Thon haben / als:

1. 2.   3. 4. 5. 6. 8.

welches alles Concordantien seyn / so intra Octonarium gefunden werden: Denn per se cooperiret die Natur zur Production der Octavæ, Duodecimæ, Decimæ qvintæ, Decimæ septimæ, Decimænonæ, und Vigesimæ secundæ, welche alle in Proportione Multiplici ihr Wesen haben. Per accidens aber werden die übrigen generirt / und zwar unter denen Imperfectis findet sich

g c   g e   e g   e c̄

3. 4. Qvarta, 3. 5. Sexta major, 5. 6. Tertia minor, und 5. 8. Sexta minor.

C   §. 44.

§. 44. Noch artlicher ſpielet die Natur auf der Trompete: Denn da cooperiret ſie ſo lange zu: Production der Concordantien/ biß ſie dieſelben alle formiret / alsdann gehet ſie erſt ad gradus, welche diſſoniren. Denn auf derſelben kan man keine andere Sonos hervor bringen / als dieſe:

$\quad$ 2. 3. $\quad$ 4. 5. 6. $\quad$ 8. 9. 10.
1. $\qquad\qquad\qquad\qquad$ 15. 16. 18. 20.
$\qquad\qquad\qquad\qquad\qquad\qquad$ 24. 27.
$\qquad\qquad\qquad\qquad\qquad\qquad$ 30. 32.

Woraus zu ſehen die wunderliche Natur dieſes Inſtruments, welches keinen Sonum formiren läſt/ als nur diejenigen/ welche ihr Weſen in denen ordentlich-geſetzten Zahlen 1. 2. 3. 4. 5. 6. (7.) 8. haben/ nach welchen ſie ferner per gradus fort gehet. Per ſe zwar intendiret die Natur zu formiren die Conſonantias perfectas 1•2. 1•3. 1=4. 1•5. Per accidens die Imperfectas 3•4. 3•5. 5=6. 5=8. Und nachdem ſie nun alle dieſe Concordantias gemacht / und alſo nach und nach ſchwächer worden/ läſſet ſie endlich die Gradus Diatonicos 8=9. 9=10. 15=16. zu/ wiewohl mit Zwang.

§. 45. Aus welchen allen erhellet / daß die Natur ſelbſten intendire die perfecten Concordantien per ſe, und zwar die Perfectiores zu erſt/ hernach die minùs perfectas, die imperfecten aber per accidens, und nach allen dieſen die Intervalla diſſona zu produciren. Iſt alſo ordo perfectionis Concordantiarum ſo wohl denen Zahlen/ als der Natur nach: erſtlich 1•1. Uniſonus, zum andern 1=2. Octava, drittens 1•3. Qvinta replicata, welche mittelmäſſiger Perfection, und viertens 1•5. Tertia major ſecundò replicata, welche unter denen Perfectis die unvollkommenſte. Nach dieſen folgen diejenigen/ ſo wir Imperfectas nennen; weil die Natur ſie
nur

nur per accidens zu deren Prodnction cooperirt/ wegen der nicht so vollkommenen Bonität ihrer Natur und Proportionen/ und ist erstlich 3 - 4. die Qvarta, hernach 3 - 5. Sexta major, drittens 5 - 6. Tertia minor, und endlich 5 - 8. Sexta minor.

§. 46. Fürs andere sehen wir hieraus/ wie über alle massen schön die Natur mit unserer Meynung überein treffe/ und die Concordantias zu produciren cooperire/wie sie in denen Zahlen natürlichen Ordnung sich befinden; und zwar diejenigen/ deren Termini zusammen addirt numerum senarium nicht übertreffen / und in Multiplici Proportione bestehen / per se, die übrigen aber alle per accidens. Woraus zu schliessen / daß wir nicht temerè, und ohne Ursach von der Meinung anderer Musicorum abweichen.

§. 47. Ferner erkennen wir hieraus / daß allein das Genus Modulandi Diatonicum à naturâ; die übrigen aber alle nur ab arte ihren Ursprung haben.

§. 48. Endlich ein Special-Experiment anzuführen / woraus zu sehen/ daß die Natur ad Productionem minoris termini Octavæ inclinire/ ob sie gleich die Krafft nicht haben kan/ denselben würcklich zu produciren/ so wird eine Orgel-Pfeiffe/ derer tieffere Octav klinget/ tremiren und erzittern/ ob sie gleich nicht angeblasen/ oder von iemand/ ausser der/ von der klingenden Pfeiffe bewegten Lufft/ beweget wird.

§. 49. Aus diesen allen ist der Nachsatz klar/ und also Octava eine perfecte und vollkommene Concordanz, welches wir/ weil niemand an dero Perfection zweiffelt/ nicht so weitläufftig hätten probiren wollen/ wenn nicht ein Studiosus Musices dadurch verständiget würde/ worinnen die Perfection oder Vollkommenheit einer Concordanz bestehe. Welches vor diesem ihrer wenigen bekant gewesen.

§. 50. Daß aber die Octav die allervollkommenste Concordanz nach dem Unisono sey/ ist klar gnug aus dem/ daß die Natur dieselbe am ersten und leichtesten produciret/ wie schon erwiesen.

§. 51. Die dritte und letzte Ration, daß die Octav die vollkommenste

menſte Concordanz ſey / nehme ich ab unione Diadromorum , und formire mein Argumentum folgender Geſtalt : Welcher Concordanz Diadromi am öfteſten nach des Uniſoni ohne Confuſion vereiniget werden / dieſe iſt nach dem Uniſono die allervollkommenſte. Nun werden die Diadromi der Octav am öfteſten nach des Uniſoni ohne Confuſion vereiniget. Ergo iſt die Octav die allervollkommenſte Concordanz nach dem Uniſono.

§. 52. Der Vorſatz / oder Major, iſt aus obigem gnugſam probirt. Den Nachſatz oder Minorem beweiſe ich ex ipſis terminis Octavæ, welche 1 ‹ 2. ſeyn. Denn erſtlich weil die gröſſere Saite ſo offt einen Diadromum macht / als offt die kleinere zween / ſo folget nothwendig / daß die Diadromi allezeit in dem 1. 3. 5. 7. 9. ꝛc. Anſchlagen der kleinern Saiten zuſammen kommen / und vereiniget werden. Weil nun keine einzige Concordanz, auſſer dem Uniſono, kleinere Terminos hat / ſo können auch keiner Concordanz Diadromi öfter vereiniget werden. Daß fürs andere aber in der Octav dieſe Vereinigung ohne Confuſion geſchicht / iſt klar aus dem / daß ihre Proportio Multiplex iſt.

§. 53. Nachdem wir nun überflüßig erwieſen / daß die Octav Theorema die allervollkommenſte Concordanz nach dem Uniſono ſey / wollen von der O- wir weiter fortfahren / und die vornehmſten Theoremata von derſelben ctav. anhero ſetzen.

Theorem. I. §. 54. Das erſte Theorema: Die Octav iſt die erſte Concordanz nach dem Uniſono, und iſt von demſelben am allerwenigſten unterſchieden. Die Wahrheit dieſes Theorematis iſt klar / (1.) aus dem / daß die Termini der Octav zuſammen addirt die nechſte Zahl machen / nach derjenigen Zahl / ſo ex additione terminorum Uniſoni erwächſet / wie droben ſchon angeführet. (2.) Weil der andere Terminus noch eins ſo klein iſt / als der erſte / ſo iſt die Differentia 1. wodurch der Menſchliche Verſtand ſich nicht ſonderlich bemühen darf / in cognitionem terminorum zu kommen / ſondern dieſelben nach des Uniſoni am leichteſten erkennet. Iſt alſo (3.) Terminus Octavæ

mi-

minor Unifonus replicatus, den auch die Natur zu produciren suchet ohne Zuthuung Menschlicher Hülffe : Angesehen auch derselbe mit gehöret wird / wenn man gleich nur Unifonum Desolatum produciret. Woraus denn folget / daß diese beyde Soni nach des Unisoni am allerwenigsten unterschieden seyn.

§. 55. Das II. Theorema: Kein Sonus, der mit dem einem Sono der Octav consoniret/ kan mit dem andern Sono, oder Klange dissoniren. Dieses folget nothwendig aus vorher-gehendem Theoremate. Denn weil die beyden Soni der Octav so wenig unterschieden seyn / daß sie gleichsam nur ein Sonus zu seyn scheinen; wie ohne obiges auch an denen Knaben zu sehen / die / wenn ein Tenorist, oder Bassist ihnen einen Thon vorsinget / denselben in der Octav nachsingen / weil sie nicht anders vermeynen / als sey es eben einerley Thon: so kan unmöglich ein Sonus, der mit dem einen Sono Octavæ consoniret / mit dem andern dissoniren. *Theor. 2.*

§. 56. Das III. Theorema: Die Octav ist die allergrösseste unter denen Consonantiis simplicibus, und begreifft also alle simplices in sich. Andere Demonstrationes verspare ich biß zur andern Zeit; setze aber hier nur die Terminos Octavæ dergestalt/ daß alle andere concordirende darzwischen begriffen seyn / nemlich: 24.20.18.16.15.12. Woraus zu sehen/ daß die Termini Octavæ 24-12. am weitesten von einander stehen/ und also die grösseste Proportion machen. Daß aber alle andere Concordantien darinnen begriffen/ siehet man gleicher maßen augenscheinlich: Denn 24-20. ist Tertia minor, 15-12. Tertia major, 16-12. Qvarta, 18-12. Qvinta, 24-15. Sexta minor, und 20-12. Sexta major. *Theor. 3.*

§. 57. Das IV. Theorema: Alle Consonantiæ Compositæ werden componirt aus der Octav, und einer andern/ welche in der Octav begriffen ist. Dieses Theorema ist zu verstehen de Compositione legitimâ. Denn weil die beyden Soni der Octavæ gleichsam nur einer zu seyn sch:inen/wegen des geringen Unterscheids/ welcher unter ihnen ist/ so behalten alle Consonantiæ simplices, wenn *Theor. 4.*

ſie mit der Octav. componirt ſeyn / ihren Nahmen mit dem Zuſatz Compoſita, oder primò compoſita, bis compoſita, oder ſecundò compoſita, u. ſ. w. Welches deswegen geſchicht / weil der Gebrauch der Conſonantiarum Compoſitarum mehrentheils gleich iſt dem Gebrauch ihrer Simplicium, damit alſo im Dociren/ Diſcurriren / und Uſu practico alles leicht abgehe / und deſtoweniger eine Confuſion entſtehe. Ex. gr. Wenn Qvinta und Octava componirt werden / ſo entſtehen die Termini 3 ⹂ 2. welche Qvintam compoſitam machen. Item, wenn Qvarta und Octava componirt werden / ſo enſtehen die Termini 8 ⹂ 3. welche Qvartam Compoſitam machen. Und alſo und nicht anders iſt dieſes Theorema zu verſtehen. Denn ſonſten kan man auch gar wohl ſagen / daß iedwede Concordantia

3	⹂	2
2	⹂	1
6	⹂	2
3	⹂	1
4	⹂	3
2	⹂	1
8	⹂	3.

componirt ſey aus denenjenigen / ſo in ihr begriffen ſeyn. V. gr.
Decima iſt componirt aus der Sexta majore und Qvinta, oder aus der Tertia majore, Qvartâ und Qvintâ, u. ſ. w. Dieſe Compoſitio wird Illegitima, oder auch Otioſa genennet ; weil ſie keinen ſonderlichen Nutzen bringet. Daß aber alle Conſonantiæ Compoſitæ aus der Octav , und einer andern in der Octav begriffenen Concordanz componirt ſeyn / iſt daher klar/ weil die wahre Proportion der Compoſitæ

5	⹂	3
3	⹂	2
15	⹂	6
5	⹂	2
5	⹂	4
4	⹂	3
3	⹂	2
60	⹂	24.
5	⹂	2.

entſtehet / ſo offt ich Octavæ Proportionem mit einer andern in der Octav begriffenen Proportion componire. Item , weil allezeit Octava verbleibet / ſo offt ich ſimplicem, von welcher die Compoſita den Nahmen hat / von der Compoſita ſubtrahire. Welche Computationes Proportionum ich in einem andern Tractat demonſtriret habe/ der vielleicht auch mit der Zeit das Licht ſehen möchte.

§. 58.

§. 58. Das V. Theorema: Die Octava kan verdoppelt *Theor. 5.*
werden. Welches also zu verstehen/ daß aus solcher Verdoppelung
wieder eine Concordanz werde/ welches von keiner andern Concordantia simplice kan gesagt werden. Denn wenn man zwo Octaven
zusammen thut per Additionem oder $\quad$ 2 . 1.
Compositionem Musicam, so entstehet $\quad$ 2 . 1.
Qvadrupla, welche ist das Wesen einer $\quad$ 4 . 1.
doppelten Octav, oder Octavæ Compositæ. Hergegen/wenn ich
eine andere Simplicem Concordantiam $\quad$ 3 = 2. $\quad$ 4 = 3.
verdoppele/ so entstehet eine Dissonanz $\quad$ 3 = ?. $\quad$ 4 = 3.
Ex. gr. Zwo Qvinten verdoppelt/ machen $\quad$ 9 = 4. $\quad$ 16 = 9.
9 . 4. Nonam: Zwo Qvarten 16.9. Se-
ptimam, u.s.w.

§. 59. Das VI. Theorema: Keine Octav kan in zwei *Theor. 6.*
gleiche Intervalla getheilet werden mit Zahlen. Denn/ wenn sie
in Zahlen in zween gleiche Theile solte getheilet werden/ so müste es geschehen per inventionem medii proportionalis in Proportio-
nalitate Geometricâ, als in welcher Proportionalität allein/ und
sonst in keiner zwo gleiche Proportiones gefunden werden. Nun kan
aber dieses allein geschehen/ wenn beyde Termini Proportionis me-
diandæ numeri qvadrati seyn. Dieweil aber der grössere Terminus Octavæ oder Proportionis Duplæ 2. kein numerus qvadra-
tus ist/ so ist es unmöglich/ die Octav, oder Proportionem Duplæ
in zwo gleiche Proportiones oder Intervalla zu theilen. In Linien
oder Saiten kan es zwar wohl geschehen per inventionem mediæ
proportionalis: sed in qvem Usum? weil auf solche Weise zwey
Intervalla entstehen/ welche in der Music nicht gebraucht werden können.

§. 60. Das VII. Theorema: Eine jede Octava *Theor. 7.*
wird getheilet in Qvintam und Qvartam mediatione Arithme-
tica

ticâ & Harmonicâ, wie auß beygeſetzter Operation, die ich in einem andern Tractat demonſtrirt / zu ſe-
hen. Da denn zugleich erhellet / daß in
Mediatione Arithmeticâ die Qvart un-
ten in Sonis gravioribus zu ſtehen kom-
met / in Mediatione aber Harmonicâ oben in Sonis acutio-
ribus.

$$2 - I. \quad 2 - I.$$
$$4\text{-}3\text{-}2. \quad 4\text{-}3\text{-}2.$$
$$12\text{-}8\text{-}6.$$

Theor. 8.

§. 61.   Das VIII. Theorema :
Eine iede Octav beſtehet / oder
iſt componiret auß 5. Tonis,
nemlich 3. Tonis majoribus,
und zweyen minoribus , und
zweyen Semitoniis , wie auß
hierbey geſetzter Operation zu
ſehen.

9 ⋅ 8. Ton. maj.
10 ⁚ 9. Ton. min.
16 ⋅ 15. Semit. maj.
9 ⋅ 8. Ton. maj.
10 ⋅ 9. Ton. min.
9 ⋅ 8. Ton. maj.
16 ⋅ 15. Semit. min.

§. 62.   Dieſes ſeyn die
vornehmſten Theoremata von
der Octav.   Nun folgen die
Species O- Species Octavæ , welche entſte-
ctava. hen ex variâ diſpoſitione Se-
mitoniorum , oder auß unter-
ſchiedlicher Verſetzung der halben
Töne.

5. 90⁚72. 4.
80. 4⋅3. 60.
3. 36⁚24. 2.
30. 5 ⋅ 3. 18.
15. 45⁚24. 8.
80.   120.
16.
240.

Semitonia §. 63.   Es können aber
in Genere die Semitonia in Genere modulandi Diatonico auf ſiebener-
modulandi ley Weiſe verſetzet werden / wie hier deutlich gnug zu ſehen :
Diatonico
können auff
7erley Wei-
ſe verſetzet
werden.

2 ⋅ I

C D E

```
C   D   E   F   G   A   H   c.
D   E   F   G   A   H   c   d.
E   F   G   A   H   c   d   e.
F   G   A   H   c   d   e   f.
G   A   H   c   d   e   f   g.
A   H   c   d   e   f   g   a.
H   c   d   e   f   g   a   h.
```

§. 64. Woraus dann folget / daß sieben Species Octavæ *Septem Species Octava.* seyn / und nicht weniger / noch mehr / nemlich:

§. 65. Welche aber unter diesen sieben Speciebus für die erste *Welches die vor-* zu halten sey / seyn unterschiedliche Meynungen.

§. 66. Etliche Musici Theoretici sagen / diejenige Species *nehmste Spe-* Octavæ sey für die erste zu halten / welche am ersten in ordentlicher Am- *cies Octava* pliatione Terminorum Octavæ per numerum binarium alle *sey.* numeros harmonicos der gantzen Diatonischen Octav in sich begreiffe. Weil nun die Octav H h zum ersten in besagter Ampliatione Terminorum Octavæ alle numeros harmonicos in sich begreiffe / so müste nothwendig folgen / daß die Species Octavæ H h die erste wäre.

§. 67. Daß aber in ordentlicher Ampliatione Terminorum Octavæ per numerum binarium die Species Octavæ H h
alle

D

alle numeros harmonicos zum erſten in ſich begreiffe / iſt aus dieſem zu ſehen:

```
  2  .   .   .   .   -   .  1.
  4  .   -   3   -   -   -  2.
  8  .   -   6   -   5   -  4.
 16. 15.  -  12.  -  10.  9.  8.
 32. 30 27. 24.  -  20. 18. 16.
 64. 60.54. 48.45. 40. 36. 32.
   16.15.10.9.9 8.16.15.9.8.1 .9.9.8.
```

§. 68. Jch wil zwar dieſe Meynung wol paſſiren laſſen/zumal/ weil in dieſer ordentlicher Ampliatione Terminorū Octavæ gar ſchön zu ſehen iſt / wie zum erſten die Octav in Qvartam und Qvintam mediiret iſt 4·3·2. Zum andern / wie Qvinta wiederum in Tertiam minorem und majorem getheilet iſt 6·5·4. Zum dritten / wie abermahls Tertia major in Tonum minorem und majorem getheilet iſt 10·9·8. Jedoch muß ich dem günſtigen Leſer zu fernerm Nachdencken vorſtellen / ob nicht vielmehr Proportio minoris Inæqvalitatis, oder Diadromorum zu ampliiren ſey; weil in derſelben Octava und Qvinta harmonicè mediiret werden/ welche Mediatio Harmonica nobilior iſt / Mediatione Arithmeticâ, und alſo derſelben weit vorzuziehen. Es iſt aber ſodann die Ampliatio Terminorum Octavæ dieſe:

```
  1.   .   .   .   .   .   .  2.
  2.   .   .   .  3.  .  4.
  4.  -  5.   -  6.  7.  .  8.
  8.  9. 10.  -  12.  -  15. 16.
 16. 18. 20.  -  24. 27. 30. 32.
 32. 36. 40. 45. 48. 54. 60. 64.
   8.9. 9.10.8.9. 15. 8.9.9.10.15.16.
```

Und auf dieſe Weiſe wäre F f die erſte Species Octavæ.

§. 69.

§. 69. Andere ampliiren die Terminos Octavæ dergestalt/ daß sie die beyden Terminos radicales zusammen addiren/ die daraus entstandene Zahl 3. setzen sie anstatt des Termini minoris, und ampliiren also die Terminos 3-6. per numerum binarium folgender Massen:

```
1  - - - - - - - 2.
3  - - 4. - 5. - 6.
6  - - 8. 9. 10. - 12.
12. - 15. 16. 18. 20. - 24.
24. 27. 30. 32. 36. 40. 45. 48.
8.9. 9.10. 15.16.&9. 9.10.&9. 15.16.
```

Nach dieser Ampliation wäre Cc die erste Species Octavæ.

§. 70. Wiewohl ich nicht dafür halte/ daß aus dergleichen Ampliationibus etwas firmiter und necessario geschlossen werden köne; so halt ichs doch mit dieser Meynung/ und sage/ daß Cc die erste Species Octavæ sey, 1. Weil in denen ordentlichen Zahlen 1.2.3.4. 5.6. - 8.9.10. alsobald nach denen Concordantiis die Gradus 8.9. 9.10. folgen. 2. Weil die Natur auf der Trombetta, Trombetta marin, und dergleichen/ nachdem sie zur Formirung aller Concordantien cooperiret/ keiner andern Sonorum Productionem zulässet/ als derjenigen/ welche in der Specie Octavæ Cc ordentlich sich folgen/ nemlich:

Ist also diese Species Octavæ die Natürlichste/ als deren Gradus zum ersten nach denen Concordantiis folgen/ und also billich auch die Erste.

§. 71. Daß aber nichts gewisses aus obigen Ampliationibus geschlossen werden kan/ siehet man daraus/ daß derselben vielerley

D 2

ley ſeyn können / und man keine gnugſame Rationes geben kan / wes-
wegen eine beſſer / als die andere.

§. 72. Dem Wiſſenſchafft- und Kunſt-begierigen Leſer, muß
ich zu Gefallen noch eine andere Ampliation hieher ſetzen/ nach welcher
Ee die erſte Species Octavæ iſt:

```
.2 - - - - -- — - --- - ) I.
.6 - - -5. - - .4. - - - - ;3.
-12 - - 10. 9. 8. - - - ; 6.
.24. - - .20. 18. 16. 15. - - 12.
48. 45. 40. 36. 32. 30. 27. 24.
16.15. 9.8. 10. 9. 9. 8. 16. 15. 10. 9. 9. 8.
```

§. 73. Dergleichen Ampliationes können viel erfunden werden. Woraus ſattſam erhellet / daß ſie nur unnöthige Speculationes
ſeyn / aus welchen nichts Gewiſſes noch Nothwendiges geſchloſſen werden kan. Man kan aber wohl damit einen einbildiſchen Ignoranten
vexiren; wie ich dann einmahl einen durch dieſe Ampliation

```
5  -  6  - : - 8  9  10.
10  - 12.  - . 15. 16. 18,  20.
20 . - 24. 27. 30. 32. 36. 40.
40. 45. 48. 54. 60. 64. 72. 80.
8. 9. 15. 16. 8. 9. c. 16. 15. 16. 8. 9. 9. 10.
```

überredet / A a wäre die erſte Species Octavæ, und alſo der Modus
Æolius der erſte unter denen Modis.

§. 74. Dieweil ich in dergleichen nicht unluſtige Speculationes gerathen bin / ſo muß ich noch eine hieher ſetzen / welche ich für beſſer
achte / als obige alle : nemlich diejenige Species Octavæ iſt die erſte/
deren Gradus von denen numeris harmonicis am allererſten nach
denen gröſſern Intervallis gemacht werden. Dieſelben numeri
harmonici aber ſeyn:

24. 27.

24. 27. 30. 32. 36. 40. 45. 48.
8 9. 9 10. 15 16. 8 9. 9 10. 8 9. 15 16.

Aus welchen allen zu sehen / daß Cc die erste Species Octavæ sey.
Welches so wohl mit denen ordentlichen Zahlen 1. 2. 3. 4. 5. 6. - 8.
9. 10.
15. 16. als mit der Natur überein trifft.

§. 75. Hierauf folget Octavæ Genesis, und zwar erstlich mit
denen Saiten des Monochordi, allwo wir Octavam auf zweyerley
Weise produciren.

§. 76. Zum ersten Theile die Saite A. B. in zween gleiche
Theile in Puncto C. so wird die gantze Saite A. B.
gegen A. C. oder C. B. eine reine Octav klingen.

§ 77. Zum andern Theile die Saite D. E. in drey gleiche
Theile in denen Punctis F. G. setze in den Punct
ein fulcrum, oder Steg. Wenn man den Theil D
D. G. und den Theil G. E. zugleich anschläget / so muß das Menschliche
Gemüth nothwendig eine reine Octav vernehmen. Denn gleich wie
sich verhält die Saite D. G. gegen G. E. und 50. Vibrationes gegen
100. oder 1. gegen 2. also verhalten sich die beyden von der Saite D. G.
und G. E. verursachten Bewegungen der eingepflantzten Lufft in dem
Tympano auriculari. Nun seyn aber jene beyde Bewegungen in
Duplâ Proportione, Ergo seyn auch die beyden Bewegungen der
Lufft in dem Tympano auriculari in Duplâ Proportione. Weil
nun Dupla Proportio eine reine Octav machet; so muß nothwendig
das Menschliche Gemüth bey so beschaffenen Bewegungen eine reine
Octav percipiren oder vernehmen.

§. 78. Auf dem Instrumento Chordosophico die Octav

Genesis Octava, oder wie die Octava entstehe.

D 3 zu

zu produciren / muß man vorhero wiſſen / daß die Gewichte / ſo gantz gleich Saiten einziehen / duplicatam rationem haben deſſelben Intervalli, welches gehöret wird. Item, wenn zwo ungleiche Saiten der Dicke nach / ſo aber an der Länge und Materi gleich / von einerley Gewicht tendirt und angezogen ſeyn / ſo haben ſie gleichfalls duplicatam rationem deſſelben Intervalli, ſo ſie von ſich hören laſſen.

§. 79. Wenn ich nun Octavam produciren will auf zweyen der dicke / Länge und Materi nach gantz gleichen Saiten / ſo tendire ich die Saite A. B. mit dem Gewichte E. welches ein Viertel der Schwere hat des Gewichtes F. und die Saite C. D. ziehe ich an mit dem Gewichte F. welches viermahl ſo ſchwer iſt / als das Gewichte E. So ſie nun zugleich angeſchlagen werden/ ſo müſſen ſie nothwendig eine reine Octav klingen / woſern nur die Dicke beyder Saiten gantz gleich iſt / welches vorher probiret werden muß nach dem in vorhergehender Exercitation §. 42. gegebenen Unterricht.

§. 80. Wenn ich aber zwo Saiten von gleicher Materi und Länge / und ungleicher Dicke habe / die / wenn ſie mit gantz juſt abgewogenem gleichen Gewichte angezogen ſeyn / eine Octav rein hören laſſen/ ſo iſt die dickere Saite viermahl dicker/ als die dünnere. Woraus folget/ daß wenn zwo Saiten gleicher Länge und Materi, deren eine viermahl dicker iſt/ als die andere/ mit gleichem Gewichte angezogen werden/ nothwendig die Octav produciret werde. Ein mehrers wird hiervon zu finden ſeyn in dem ausführlichen Unterricht von dem Inſtrumento Chordoſophico, welchen ich / weil es was Rares und Unbekandtes/ ſo mir GOTT das Leben friſtet / und Zeit / Kräffte und Vermögen verleihet / auch dem öffentlichen Druck übergeben will.

§. 81. Auf denen Orgel-Pfeiffen hat man Octavam, wenn der gröſſern Pfeiffen Blech doppelte Länge / und doppelte Breite des Bleches der kleinern Pfeiffen hat. Wie die Labia ſollen proportioniret ſeyn/ verſchweige ich / damit ich nicht denen Orgelmachern ihre Secreta gemein mache. Ex. gr. Die Länge des kleinern Bleches sey $\frac{99}{100}$. eines Schuhes/ die Breite aber $\frac{29}{121}$: So muß die Länge des grössern Bleches seyn $1\frac{7}{8}$. die Breite aber $\frac{7}{8}$. eines Schuhes.

§. 82. Aus diesen folget/ daß die Orgel-Pfeiffen unter sich Triplicatam rationem haben desjenigen Intervalli, so sie von sich hören lassen. Ist also der Inhalt der grössern Pfeiffen einer Octav achtmal so groß/ als der kleinern/ das ist/ wenn in die kleinere Pfeiffe 1. Maß gehet/ so geben in die grössere 8. Maß.

§. 83. Es ist aber hier noch zu mercken/ daß denen grössern Pfeiffen etwas an der Breite ihres Bleches genommen werde/ damit sie in der Tiefe nicht gar zu dick und ungeschickt werden/ und desto schärffer intonirt werden können. Wie aber solche Abnehmung proportionirt seyn solle/ verschweig ich gleichfalls aus oben angeführter Ursach: weil ich nicht gerne etwas offenbaren will/ welches denen Herren Orgelmachern zum Nachtheil gereichen dörffte.

§. 84. Weil wir nun gnug geredet von der Octavâ simplice, so wollen wir nun etwas weniges sagen von denen Octavis Compositis oder Replicatis.

§. 85. Es seyn aber Octavæ Compositæ oder Replicatæ, welche aus zweyen oder mehr Octavis componirt seyn.

§. 86. Wie weit sich aber diese Compositio erstrecken soll/ muß hier billich erkläret werden.

§. 87. Die meisten Musici Theoretici sprechen/ diese Compositio solle sich über drey Octaven nicht erstrecken: Ratio ist/ weil sonsten das Gehör wegen seiner Imbecillität die Differentias Sonorum nicht ohne grosse Mühe unterscheiden kan.

§. 88. Mit ihnen halten es auch gemeiniglich die Musici Practici, als welche die dritte Octav nicht leicht überschreiten.

§. 89. Cartesius, weil er die Concordantias intra humerum senarium will gar haben/ daß man die dritte Octav selbst nicht berühren solle. Denn er ordnet seine Scalam nur vom F. biß ins e, folgender Gestalt:

F G A

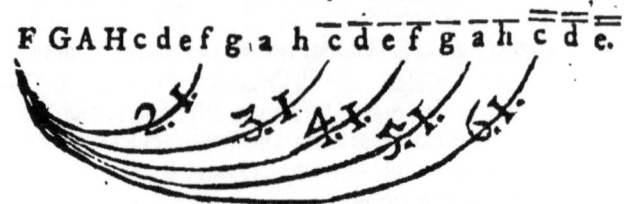

§. 90. Ich habe uhralte Orgelwercke geſehen / die gleicher Maſſen von dem F. nicht weiter / als biß in das e gegangen. Woraus zu ſchlieſſen / daß diejenigen Orgelmacher / welche dieſelben erbauet / mit dem Carteſio gleicher Meynung geweſen ſeyn.

§. 91. Weil die Ration dieſer Muſicorum nicht getadelt werden kan / und doch gleichwohl diejenigen Orgeln / ſo nicht tiefer / als biß ins F. und nicht höher / als ins e. gehen / von denen heutigen Muſicis für unvollkommen geachtet werden : ſo wird hier billich gefraget / wer Recht habe ?

§. 92. Umb dieſe Frage recht zu beantworten / müſſen wir dieſe Compoſitionem anſehen erſtlich / wie ſie in der Muſicâ Poëticâ, und dann fürs andere in der Organopœiâ, ihren Gebrauch habe.

§. 93. Wenn wir dieſe Compoſitionem Octavæ anſehen / wie ſie in Muſicâ Poëticâ ihren Gebrauch hat / ſo muß man wieder ſehen / ob die Harmoni in wenig / oder viel Stimmen beſtehe.

§. 94. Beſtehet die Harmoni in wenig Stimmen / ſo halt ich es mit dem Carteſio, dergeſtalt / daß man keine Concordanz ſetzen ſolle / welche nicht ihr Weſen intra ſenarium, oder vielmehr Sextuplam Proportionem habe / es ſey dann / daß noch eine Concordanz, die ihr Weſen intra ſenarium, oder Sextuplam Proportionem hat / darzwiſchen geſetzt würde / und alſo das Gehör durch Zuſammenbindung ſolcher Concordantien deſto leichter in cognitionem einer ieden gelangen könte. Wenn aber beyde Concordantien /

gegen

gegen dem Bafs anzurechnen / ihr Wesen extra Sextuplam Proportionem hätten / wäre es ein grober Fehler; weil alsdann das Gehör Differentiam Soni gravis & acutorum keines weges ohne grosse Mühe apprehendiren uud erkennen könte.

§. 95. Woraus leicht zu judiciren / was von etlichen Musicis Instrumentalibus zu halten / welche in zwey- oder dreystimmigen Sachen / da die Violinen sehr hoch gesetzt seyn / den Bass, so ohne diß eben weit von denen Violinen entfernet / absqve Ratióne noch eine Octav tiefer streichen; wodurch alle gratia Concordantiarum exspiriret/ und man offt nicht weiß/ ob es consoniret oder dissoniret. Da doch hergegen billich sollte in acht genommen werden das Theorema: Concordantiæ qvo sibi propiores, eó svaviores: Je näher die Concordantiæ ihnen untereinander seyn / ie lieblicher sie seyn; jedoch/ wenn sie unter ihre eigene Sedes nicht gezwungen seyn.

§. 96. Bestehet die Harmoni in vielen Stimmen / so darf der Componist ihm gantz kein Gewissen machen / so hoch und tief zu gehen/ als er will: weil das Gehör durch Zusammenbindung so vieler Concordantien gar leicht in cognitionem aller derselben gelangen kan.

§. 97. Wofern nun des Cartesii Meinung ist / daß man auch in vollstimmigen Stücken ausser den Numerum Senarium nicht schreiten soll / so irret er / und alle / die es mit ihm halten / gar sehr. Denn weil das Gehör durch die Zusammenbindung der Consonantien / ob gleich die äussersten zu weit von einander seyn / gar leicht in cognitionem aller derselben gelangen kan; so cessiret seine Ratio, und per conseqvens auch das/ was daraus folget. Uber dieses würden in sieben- und acht-stimmigen Stücken die allervollkommensten und besten Clausulæ formales verwerfflich seyn/ welche doch von dem Gehör leichtlich und ohn alle Mühe apprehendiret werden/ uud einen stattlichen Effect thun/ auch in denen kleinesten ordentlichen numeris harmonicis bestehen.

C

§. 98. Wenn wir ferner die Compoſitionem Octavæ an-
ſehen / wie ſie in der Organopœiâ ihren Gebrauch hat / ſo kan ſich dieſelbe noch weiter erſtrecken / als in der Muſicâ Poëticâ. Denn ob gleich
die äuſſerſten Soni viel zu weit von einander kommen / ſo hat es doch nicht
die Meynung / daß eben ein Organiſt die höheſten und tiefeſten Sonos
allein

allein spielen solle; sondern ein Organist soll eben das in acht nehmen/ was ein Componist in acht nehmen muß. Cessiret also abermals Ratio Cartesii, und per. conseqvens auch das / was daraus folget.

§. 99. Es sollen aber doch diejenigen / welche Orgeln angeben/ billich die bekanten Verse bedencken:

Est modus in rebus, sunt certi deniqve fines,
 Qvos ultra citraq; neqvit consistere rectum.

Und ein Orgelmacher soll sich nicht mehr unterstehen/ als zu præstiren möglich ist. Daher die klügesten Musici Theoretici und Mechanici dafür halten/ daß ein Sechzehn-füßiges Principal billig das eine Extremum einer rechtschaffenen Orgel seyn solle. *Wie groß aufs höchste eine Orgel seyn solle.*

§. 100. Doch seyn ihrer viel/ die davor halten/ ein zwey-und dreyßig-füßiges Principal gebe einer Orgel eine solche Zierde / daß ohne dasselbige keine Orgel eine gantze Orgel könne genennet werden.

§. 101. Daß ein zwey-und dreyßig-füßiges Principal einer Orgel einer Zierde geben könte/ will ich nicht bestreiten/ weil es nothwendig prächtig in die Augen fallen muß: Allein darum ist es uns für dieses mal nicht zu thun; sondern wir müssen hier besehen (1.) ob ein zwey-und dreyßig-füßiges Principal möglich zu machen / daß alle Pfeiffen einen recht-vernehmlichen Ton von sich geben? (2.) Ob der Effectus, so dergleichen Stimmwerck præstiren kan/ von sothaner Fürtrefflichkeit sey/ daß es der Mühe werth/ so grosse Unkosten/ als dazu erfordert werden/ daran zu wenden?

§. 102. Ich will zwar nicht eben verneinen / daß ein zwey-und dreyßig-füßiges Principal nach allen Reqvisitis zu machen unmöglich sey: doch glaube ich nicht/ daß bißhero ein Künstler gefunden worden/ der solches præstiren können. Ob künfftig einer werde gefunden werden/ daran zweifele ich auch. Denn ein guter Künstler hat zu thun genug/ wenn er einem sechzehen-füßigen Principal gnugsamen Wind giebet/ und alle Pfeiffen recht anbringet / daß sie einen vernehmlichen und gleichbeschaffenen Ton von sich geben/ will geschweigen einem zwey-und dreyßig-füßigen. Gewiß ist es / daß diejenigen zwey-und dreyßig-füßigen

E 2

Prin-

Principale, so bißher gemacht worden/ in der Tiefe nichts mehr/ als ein grosses/ und re verâ nicht allzu-angenehmes Sausen und Erzittern der Lufft von sich geben/ und keines weges einen denen Ohren (worauf es doch angesehen) proportionirten und erkäntlichen Schall.

§. 103. Woraus zu schliessen/ daß der Effectus eines so grossen Stimmwerckes/ den es in dem Gehöre verrichtet/ von sonderlicher Importanz nicht sey. Ja/ wofern die Pfeiffen nicht recht und gleich-beschaffen angebracht werden/ mehr Verdrießlichkeit/ als Annehmlichkeit erwecke. Dahero keiner Kirchen zu rathen/ daß sie ein so unnöthiges/ und allzukostbares Stimmwerck machen lasse/ welches/ so es anders nur etwas thun solle/ absonderliche Blaßbälge/ und also auch einen eigenen Calcanten von nöthen hat.

§. 104. Der Ruhm/ den man etwa daron haben kan/ indem die gemeinen Leute sprechen/ es wäre eine gantze Orgel/ bestehet nur in einer vergebenen Einbildung. Massen kein kluger Musicus eben deswegen ein Orgelwerck für gantz wird achten/wenn es ein zwey-und dreyßig-füßiges Principal hat/ sondern vielmehr/ wenn es alle mögliche Stimmen hat. Dergleichen Orgel aber hab ich bißhero noch nicht können zu sehen bekommen. Wer Ruhm von einer Orgel suchet/ der lasse eine solche bauen/ der keine mögliche Stimme fehlt/so wird er Ruhm genug haben/ wenn auch gleich kein zwey-und dreyßig-füßiges Principal in derselben ist.

§. 105. Ich weiß zwar wohl/ daß mich hierinnen mancher Organist und Orgelmacher tadeln wird/ als die gar viel von einem zwey-und dreyßig-füßigen Principal zu reden wissen: Allein diese achte ich nichts/ wofern sie mir nicht ein solches Stimmwerck zeigen können/ das erstlich gnugsamen Wind hat/ fürs andere/ deren Pfeiffen alle/ auch die gröffeste/ einen vernehmlichen/ und denen Ohren erkäntlichen Ton von sich geben/ und drittens/ deren Pfeiffen alle gleich angebracht seyn/ und also einen gleich-beschaffenen Schall von sich geben. Wenn sie mir ein solches weisen können/ will ich ihnen gewonnen geben/ und künftig dieses/ was ich hier geschrieben/ selbsten corrigiren.

§. 106.

§. 106. Von dem andern und kleinern Extremo einer Orgel ist unnöthig zu sagen; weil Praxis selbsten giebet / wie klein die kleineste Pfeiffe werden kan. Doch soll es auch hier seine Maß haben.

§. 107. Diesem nach wende ich mich wieder zu denen Octavis Compositis, oder Replicatis, und sage / daß zwar die Compositio Octavarum auff denen Orgeln sich sehr weit erstrecke; jedoch wollen wir hier nur diejenigen beschreiben / welche in einem acht-sülßigen Stim-Werck zu finden / und auch in der Musicâ Poëticâ ihren Gebrauch haben; und diese Compositio erstrecket sich biß in die vierdte Octav. Welcher alle Octavas Compositas haben will / wie sie auf denen Orgeln möglich zu machen / der kan sie leicht haben per Additionem Musicam.

§. 108. Die Octava primô Composita bestehet in Proportione Qvadruplâ in numeris radicalibus 4 - 1. und diese ist am

$$2 - 1.$$
$$2 - 1.$$
$$\overline{4 - 1.}$$

rationabelsten in wenig-stimmigen Sachen in Musicâ Poëticâ zu gebrauchen.

§. 109. Octava secundô Composita bestehet in Proportione Octuplâ in numeris radicalibus 8 - 1. Die wird von de-

$$2 - 1.$$
$$2 - 1.$$
$$2 - 1.$$
$$\overline{8 - 1.}$$

nen itzigen Musicis in wenig-Stimmigen Sachen auch noch gebraucht: Denn weil bey einem ieden Unisono Desolato die Octav mit gehöret wird / wie Cartesius selbst will / so bestehet die mit gehörte Octav mit dem kleinern Termino Octavæ secundô Compositæ in Proportione Qvadruplâ , welche intra senarium gefunden wird. Ist also wohl möglich / daß das Gehör mediante hoc signo in cognitio-

E 3   nem

nem Octavæ ſecundò Compoſitæ absq; magno labore gelangen könne. Ob dieſe Ratio Stich halte / laſſe ich dahin geſtellet ſeyn; bin aber verſichert/ daß diejenigen beſſer thun/ die es hierinnen mit dem Carteſio halten.

§. 110. Octava tertiò Compoſita beſtehet in Proportione Sedecuplâ in numeris radicalibus 16 · 1. Und dieſe ſoll in Mu-

$$
\begin{array}{rcl}
2 & \cdot & 1 \\
2 & \cdot & 1 \\
2 & \cdot & 1 \\
\underline{2} & \cdot & \underline{1} \\
16 & \cdot & 1
\end{array}
$$

ſicâ Poëticâ nimmermehr absqve inter mediis aliis Concordantiis gebraucht werden / weder auf den Orgeln / noch andern Inſtrumenten. In Vocal-Sachen bleibt es ohne das wohl nach.

§. 111. Nun folget in guter Ordnung Sedes propria Octavæ in Syzigiis compoſitis, oder die eigentliche Stelle der Octav, zwiſchen deren Terminis kein Sonus gefunden wird / in der Zuſamenfügung vieler Concordantiarum, die deswegen Octava immediata genennet wird. Dieſe Stelle wird judiciret und genommen ex numeris, wie ſie ordentlich auf einander folgen. Weil nun die Termini Radicales Octavæ 1 · 2. bald von Anfange gefunden werden/ ſo folget nothwendig/ daß der eigene Sitz/ oder Stelle der Octavæ immediatæ ſey in Sonis infimis & gravibus. Gehöret alſo der Octavæ immediatæ die erſte und unterſte Stelle / alſwo ſie am lieblichſten gehöret wird.

Gebrauch der Octavæ in Muſicâ Poëticâ.

§. 112. Wir beſehen nun billich den Gebrauch der Octavæ in Muſicâ Poëticâ, und kan hier gleichfalls von der Octav geſaget werden / was wir in der erſten Exercitation §. 48. 49. 51. 52. und 53. von dem Uniſono aucto geſagt / nemlich daß (1.) die Octav in wenigſtimmigen Sachen nicht offt geſetzt werden ſolle; (2.) daß die Octav im Anfange gar zierlich ſtehe/ wenn eine Stimme allein anfänget/ und die andere nach einer kleinern Pauſe mit einfället; und (3.) daß das

Final

Final eines Muſicaliſchen Stückes am beſten mit dem Uniſono oder
Octav, und in vollſtimmigen Sachen mit der Octav, entweder der
Simplici oder Compoſita gemacht werde. Die daſelbſt gegebene Rationes können gar leichtlich auch auf die Octav, als welche nur ein Uniſonus Replicatus iſt / appliciret werden.

§. 113. Alles / was wir auch itzt / und ins künfftige von einer
Concordantia ſimplice ſagen werden / das kan auch verſtanden werden von ihren Compoſitis, wofern nur die Compoſitio mit Ver-
nunfft nach obangeführten Diſcurs eingerichtet iſt / und die gebührende
limites oder Schrancken nicht überſchreitet.

§. 114. In dem Gebrauche der Octav in Muſicâ Poëticâ
findet ſich erſtlich Octavæ Conſecutio immediata, und fürs andere
Tranſitus in alias Concordantias, oder wie ſie in andere Conſonantias verändert wird.

§. 115. Conſecutio Octavæ immediata, wenn zwo oder
mehr Octaven unmittelbarer Weiſe auff einander folgen / wird appro-
biret in Manſione, wenn beyde Stimmen in eâdem intenſione
bleiben / und entweder beyde / oder eine eôsdem Sonos wiederholet.
Denn weil die Soni nur wiederholet werden / ſo iſt es eben ſo viel / als
wenn beyde Stimmen nur ruheten. Giebt zwar keine ſonderliche Varietät / macht doch auch / wenn die Wiederholung nicht zu lang währet/
keinen Verdruß. Ex. gr.

§. 116. In Motu, oder wenn beyde Stimmen zugleich auff-
oder abſteigen / können zwo oder mehr Octaven immediatè, oder unmittelbarer Weiſe nicht folgen : Denn durch ſolche immediatam
Con-

Conſecutionem wird erſtlich die Varietät verhindert/ welche/ wie ſon-
ſten/ alſo auch ſonderlich in Muſicis, für allen Dingen muß in acht genommen werden. Fürs andere/ weil die Octav, wegen ihrer Perfection, das Gehör völlig vergnüget/ ſo würde durch ihre immediatam
Conſecutionem demſelben ein Eckel und Verdruß verurſachet/ welcher doch in der Muſic ſonderlich ſoll verhütet werden; Denn weil finis
Muſicæ externus iſt Commotio Microcoſini; internus aber
ſvavis harmonia, welche das Gehör delectiret/ ſo kan nichts in der
Muſic gebraucht werden/ was ſolche Delectationem verhindert/ oder
Harmoniam unlieblich macht. Exempla vitioſæ conſecutionis
duarum, vel plurium Octavarum :

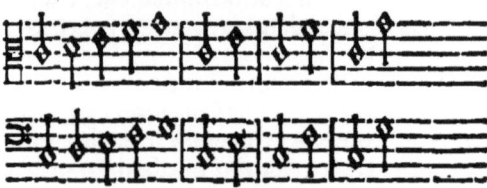

§. 117. Dieſen Fehler/ welcher in Muſicâ Poëticâ einer von
denen gröbſten iſt/ können nicht gut machen die darzwiſchen geſetzten No-
næ oder Septimæ: Denn weil dieſelben extra Syncopationem
allezeit breves, oder kurtz ſeyn müſſen Qvantitate intrinſecâ, damit
nicht eine Anarmonia entſtehe/ ſo iſt es eben ſo viel/ als wenn ſie gar
nicht darzwiſchen ſtünden. V. gr.

§. 118.

§. 118. Dieſer Fehler wird auch nicht verbeſſert durch die darzwiſchen geſetzte kleinere Pauſen ; weil ſelbige keine Varietät verurſachen/ und alſo den aus der immediatâ Conſecutione Octavarum entſtehenden Eckel und Verdruß wegnehmen können. V. gr.

§. 119. Es ſoll ſich auch ein Componiſt hüten / daß die äuſſerſten Soni, ob ſie gleich in unterſchiedlichen Stimmen gefunden werden/ mit dem Fundamento nicht Vitioſam Conſecutionem Octavarum machen/ zumal/ wenn dieſelben e jusdem Qvalitatis ſeyn: Denn das Gehöre wird gemeiniglich die äuſſerſten Sonos mehr apprehendiren/ als die mittlern/ ſo nun in denenſelben eine ſolche Vitioſa Conſecutio ſtecket/ ſo empfindet es einen ſo groſſen Eckel und Verdruß/ als ob nur eine Stimme mit dem Fundament ſolche machte. Behutſame Componiſten vermeiden ſolche vitioſas Conſecutiones auch in denen Mittel-Stimmen in nicht gar vollſtimmigen Stücken. Ex. gr.

§. 120. Woraus folget / daß die Uberſteigung der Stimmen gar gefährlich / und daß derjenige / ſo ſie will adhibiren / ſehr behutſam
F   gehen

gehen ſolle / wofern Er keinen Fehler will begehen / ſonderlich in denen duſſerſten Stimmen.

§. 121.   Wenn die. oberſte / oder unterſte Stimme, pauſiret, ſo nimmt die nechſte derſelben Amt auf ſich / und ſollen alſo weder die letzte. der ſchweigenden mit der erſten Note der nechſten fortgehenden / nech die erſte der nach. dem Stillſchweigen wieder anfangenden mit der letzten Noten derſelben Stimme / ſo ihre Vices verwaltet hat / Vitioſam Octavarum Conſecutionem machen.   Ex. gr.

§. 122.   Wenn ein Theil Cantionis wiederholet wird / ſo ſollen der erſten und letzten Syzigia deſſelben Theiles keine Vitioſa Octavarum Conſecutio entſtehen / wenn die erſte an die letzte angehänget wird.

wird. Ratio iſt/ weil dieſe beyde Syzygiæ eben alſo an einander ge-
hänget werden bey der Repetition, als auſſer der Repetition. Iſt
es nun auſſer der Repetition ein Fehler/ ſo kan es durch die Repetition
nicht gut werden.

§. 123. Es kan aber doch plurium Octavarum immediata Conſecutio auf zweyerley Weiſe/ jedoch allezeit in pleno Con-
centu geduldet werden. Erſtlich zwar in Sachen/ ſo zween oder mehr
Chöre haben. Denn da kan des höbern Chores Baſſetto gar wohl mit
dem Baſſo des tiefern Chores in Octaven fort gehen. Weil ſolcher
Fehler durch die Menge der Concordantien verdeckt wird/ und der
Baſſetto des höbern Chores nothwendig ſeine Sonos fundamentales
haben muß/ umb den Eckel und Greulichkeit zu vermeiden/ ſo aus denen
Sonis Triadis harmonicæ excluſis, oder extremis ſuperiori-
bus im fundamento ſonſten zu entſtehen pfleget bey denen Audi-
toribus, ſo ſolchem Choro am nächſten.

§. 124. Fürs andere kan immediata plurium Octavarum
Conſecutio geduldet werden in ſehr viel-ſtimmigen Cantionibus,
wenn man zween/ drey/ oder mehr Capell-Chöre præſentiren will:
Denn da kan man/ wenn alle Stimmen zuſammen fallen/ aus einem
hohen Diſcant in Octava inferiore einen Alt, aus dem Tenor in
Octava ſuperiore einen Diſcant, und aus dem niedrigen Diſcant
in Octava inferiore einen Tenor machen. Der Baß aber muß
bleiben/ und mit einem andern Baſſo in Uniſono fort gehen/ es wäre
dann ein Baſſetto vorhanden/ welcher dann auch in Octavam trans-
portiret werden muß. Wenn dieſer Capell-Chor von ſeinem Prin-
cipal-Chor abgeſondert wird/ giebt er einen guten Effect; weil die vitioſa Conſecutio Octavarum durch die groſſe Menge der Concordantien gänzlich verdeckt wird/ und dem Gehöre nicht den geringſten Verdruß verurſachen kan. Doch ſoll man in acht nehmen/
daß man die übrigen Capell-Chöre mit ihren Principal-Chören in Uniſono einher paſſiren laſſe. Wer hieran zweiffelt/ der probire es/ und
ſage dann ſeine Meinung aufrichtig.

F 2   §. 125.

§. 125. Von der Conſecution der Octaven kommen wir ad
Transſitum, oder Progreſſum in alias Concordantias, und iſt
hier abermals zu wiſſen / daß Octava motu obliqvo, gleich wie Uniſonus, in alle Concordantias gehen könne. V. gr.

Transſitus ſeu Progreſ-ſus Octava in alias Con-cordantias

§. 126. In denen andern Motibus hat man in acht zu nehmen/
daß in wenig-ſtimmigen Harmonien der Tranſitus am zierlichſten
geſchehen ſolle; ingleichen auch in denen beyden äuſſerſten Stimmen /
oder der höchſten Vocal-Stimme mit dem Baſs, als die am beſten ins
Gehör fallen / und von dem meiſten apprehendiret werden. In vollſtimmigen Cantionibus, oder Concentû pleno, läſt man auch die
Pro-

Progreſſus utcunqve tolerabiles zu in denen Mittel-Stimmen: weil die Menge der Concordantien deroſelben Ungeſchicklichkeiten bedecket; und ſie auch / wenn gar zu viel Stimmen nicht wohl vermeidet werden können. Diejenigen progreſſus, welche propter ligatum, oder wegen allzugroſſer Sprünge verwerfflich ſeyn/ kan ein Componiſt auch wohl gebrauchen / iedoch cum judicio, in denen äuſſerſten Stimmen und wenig-ſtimmigen Cantionibus nach einer clauſulâ formali, wenn die Stimmen gleichſam aufs neue wieder anfangen : Denn / weil das Gemüth durch die Clauſulam formalem vergnüget / und gleichſam zur Ruhe geführet worden / ſo hat es kein ſonderliches Abſehen mehr auf die letzten Sonos Clauſulæ formalis; ſondern wenn wieder etwas/ ſo eine Varietät macht/ geſetzt / oder produciret wird / conſiderirt es daſſelbe / als etwas neues / ohne ſonderliche Entgegenhaltung gegen denen vorigen Sonis.

§. 127. Von der Octav darf man niemahls in ihre Compoſitam kommen in denen äuſſerſten Stimmen / der oberſten Vocal-Stim und Fundament, auch in wenig-ſtimmigen Cantionibus in keinen Stimmen: In vollſtimmigen aber motu contrario. Ex. gr.

§. 128. Octava kan motu recto niemals zierlich in Qvintam gehen / weil allezeit eine verdeckte Qvint vor der Qvintâ expreſsâ hergehet / welche den Tranſitum greulicher machen. Exempl. gr.

Progr. utc. tolerabilis.　Illiciti.

§. 129.　Motu contrario aber gehet Octava am zierlichſten in Qvintam,　1. Wenn die obere Stimme ordentlich auffſteigt / und die untere in Qvartam hinunter ſpringet;　2. Wenn die untere ordentlich auffſteigt / die obere in Tertiam herunter ſpringet.　V. gr.

§. 130.　Utcunqve tolerabiles ſeyn folgende zween Progreſſus.　1. Wenn die obere in Qvartam hinauf ſpringet/ die untere in Tonum hinunter gehet / welcher Progreſſus auch wohl in denen äuſſerſten Stimmen bißweilen gebraucht wird.　2. Wenn die obere in Tertiam hinauf/ die untere in Tertiam hinunter ſpringet.　Ex. gr.

§. 131.　In Tertiam majorem gehet Octava motu recto
im

im Auffsteigen beyder Stimmen. 1. Wenn die obere Stimme in Qvartam springet / die untere in Semitonium majus gehet. 2. Wenn die obere Stimme in Qvintam, die untere in Tertiam minorem springet. Doch passiren diese beyde Progressus nicht eben für zierliche. Die übrigen aber seyn gar nichts werth. Ex. gr.

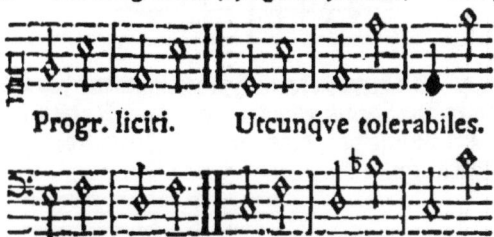

Progr. liciti.　　　Utcunqve tolerabiles.

§. 132. Im Abssteigen aber gehet Octava am zierlichssten in Tertiam majorem, wenn die obere Stimme in Semitonium majus, die untere in Diatessaron fället. Es passiret endlich auch / wenn die obere in Semitonium, die untere in Diapente springen. Die übrigen Progressus seyn verwerfflich. V. gr.

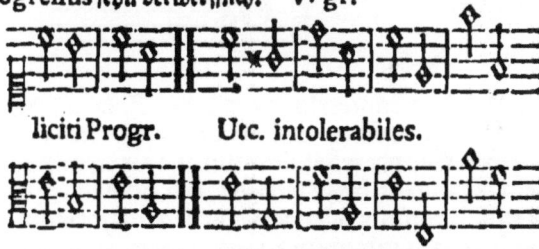

liciti Progr.　　　Utc. intolerabiles.

§. 133. Motu contrario, wenn beyde Stimmen von einander abweichen / gehet Octava in Tertiam majorem, wenn beyde Stimmen per Tonos von einander gehen. V. gr.

§. 134.

§. 134. Man muß aber noch in acht nehmen / daß in denen andern Stimmen kein Sonus gefunden werde / der Relationem non-harmonicam verurſache: denn auf ſolchen Fall würde der Progresſus falſch. Ex. gr.

§. 135. Was Relatio non - harmonica ſey / findet man in meinem Satyriſchen Componiſten / Part. I. c. 17.

§. 136. Motu contrario, wenn beyde Stimmen gegen einander geben / wird Octava in Tertiam majorem verändert: 1. Wenn die obere Stimme in Semitonium majus herunter gehet / die untere aber in Qvintam hinauf ſpringet: und dieſes iſt der allerzierlichſte und beſte Tranſitus Octavæ in Tertiam majorem. 2. Wenn die obere in Tertiam minorem herunter / die untere in Qvartam hinauf ſpringet. 3. Wenn die obere in Qvartam herunter / die untere in Tertiam minorem hinauf ſpringet; 4. Wenn die obere in Qvintam herunter ſpringet / die untere aber in Semitonium majus hinauf gehet. Zum Exempel:

§. 137. Jn

§. 137. In Tertiam minorem gehet Octava motu recto im Auffsteigen: 1. Wenn die obere Stimme in Ditonum, die Untere in Semitonium minus sich bewegen. 2. Wenn die obere in Qvartam, die untere in Tonum gehet. 3. Wenn die obere in Qvintam, die untere in Ditonum springet. Ex. gr.

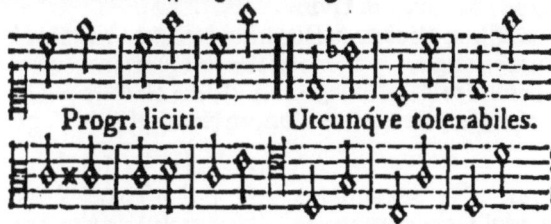

§. 138. Im Absteigen: 1. Wenn die obere in Tonum, die untere in Qvartam gehet. 2. Wenn die obere in Tertiam majorem, die untere in Qvintam springet. In affectu doloris auch/wenn die obere in Semitonium majus, die untere in die falsche Qvart sich beweget. Item, wenn die obere in Semiditonum, die untere in die falsche Qvint springet. V. gr.

§. 139.

§. 139. Motu contrario, wenn beyde Stimmen von einander geben / wird Octava zierlich in Tertiam minorem verändert/ wenn beyde Stimmen von einander abweichen / eine per Semitonium majus, die andere per Tonum. Zum Exempel:

§. 140. Motu contrario, wenn beyde Stimmen gegen einander geben/wird Octava in Tertiam minorem verändert: 1. Wenn die obere Stimme in Tonum gebet/ die untere in Qvintam.

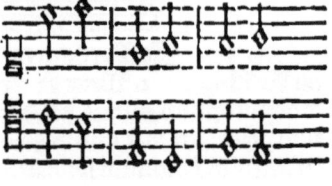

2. Wenn die obere in Ditonum herunter/ die untere in Qvartam hinauffſpringet. 3. Wenn die obere in Qvartam herunter/ die untere in Ditonum hinauffſpringet. 4. Wenn die obere in Qvintam herunter ſpringet/ die untere in Tonum hinauf gebet. V. gr.

§. 141. In Sextam majorem gehet Octava motu recto im Auffſteigen/ wenn die obere Stimme in Tonum, die untere in Qvartam ſich beweget. In Affectu doloris auch / wenn die obere in Semitonium minus, die untere in Ditonum gehet. Ex. gr.

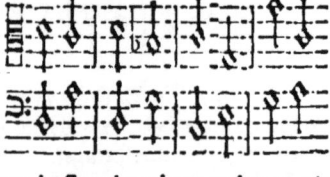

§. 142. Im Abſteigen kan Octava nicht wohl in Sextam majorem verändert werden. Progreſſus utcunqve tolerabilis it / wenn die obere Stimme in Semiditonum, die untere in Octavam ſpringet. B. E.

ficiti.   utc. tol.

§. 143.

§. 143. Motu contrario, wenn beyde Stimmen von einander geben/ gebet Octava in Sextam majorem, iedoch nicht zierlich/ 1. Wenn die obere Stimme in Tonum hinauf gehet/ die untere in Qvintam hinunter springet. 2. Wenn die obere in Ditonum hinauf/ die untere in Qvartam hinunter springet. 3. Wenn die obere in Qvartam hinauf/ die untere in Ditonum hinunter springet. 4. Wenn die obere in Qvintam hinauf springet/ die untere in Tonum hinunter gebet/ und endlich in Affectu Doloris, wenn die obere in Semitonium minus gehet/ die untere in Sextam minorem hinunter springet. V. g.

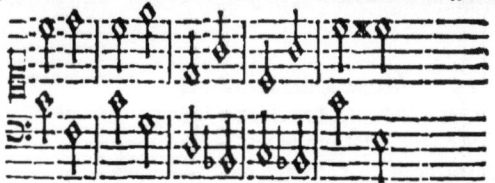

§. 144. Motu contrario, wenn beyde Stimmen gegen einander geben/ geschicht die zierlichste Veränderung Octavæ in Sextam majorem, und zwar/ wenn eine Stimme in Semitonium majus, die andere in Tonum gehet. Ex. gr.

§. 145. In Sextam minorem kan Octava motu recto nicht zierlich verändert werden: Doch passiret am besten im Auffsteigen

beyder Stimmen/ wenn die obere ir Semitonium majus gebet/ die untere aber in Qvartam ſpringet. Progreſſus utcunqve tolerabiles
ſeyn: 1. Wenn die obere in Tonum Diapente , die untere in Semitonium minus gebet. 2. Wenn die obere in Octavam , die untere in
Ditonum ſpringet. Zum Exempel :

§. 146. Im Abſteigen findet
ſich noch weniger ein Progreſſus
licitus. Utcunqz tolerabilis
iſt / wenn die obere in Ditonum,
die untere in Octavam ſpringet. V. gr.

§. 147. Motu contrario,
wenn beyde Stimmen von einander geben / gebet Octava in Sex-
tem minorem , 1. Wenn die
obere Stimme in Semiditonum, die untere in Qvartam von einander ſpringen. 2. Wenn die obere in Ditonum hinauf / die untere in die
falſche Qvint herunter ſteiget. 3. Wenn die obere in die Qvart hin-
auf/ die untere in Semiditonum herunter ſpringet. 4. Wenn die obere
in Diapente hinauf ſpringet / die untere aber in Semitonium majus
herunter gebet. V. gr.

§. 148. Motu contrario, wenn beyde Stimmen gegen einander geben/ wird Octava in Sextam minorem verändert / 1. wenn die
obere

obere Stimme per Tonum berunter / die untere per Tonum hinauff
gebet. 2. in Affectu Doloris, wenn die obere Stimme in Semiditonum herunter springet / die untere aber in Semitonium minus hinauff
gehet. Ex. gr.

§. 149. Jn Unisonum kan Octava allein motu obliqvo
geben / und in vollstimmigen Cantionibus auch motu contrario.
Ex. gr.

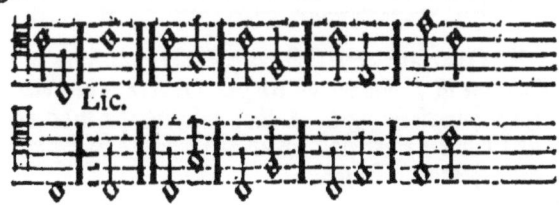

§. 150. Dieses seyn also die Progressus Octavæ in andere
Consonantias. Da dann ein Musicus Poëticus sich sonderlich be-
fleißigen soll in wenigstimmigen Cantionibus, und in denen äussersten
und vornehmsten Stimmen die zierlichsten zu gebrauchen.

§. 151. Nun wollen wir auch besehen / wie Octava in Disso- *Progressus*
nantias in Syncope constitutas gehe / welches geschehen kan ent- *Octava in*
weder in Nonam, oder Septimam, oder Qvartam. *Dissonantias*
in Syncope.

§. 152. Jn Nonam gehet Octava, wenn die untere Stimme *constitutas.*
syncopirt ist / die obere aber in Secundam hinauff gehet. V. gr.

G 3 §. 143.

§. 153. In Septimam gebet Octava, wenn Syncope in der obern Stimme iſt / die untere aber in Secundam hinauff ſteiget. V. g.

§. 154. In Qvartam gebet Octava erſtlich / wenn Syncope in der obern Stimme iſt / und die untere per Qvartam herunter/ oder per Qvintam hinauff ſpringet. 2. Wenn Syncope in der untern Stimme iſt / und die obere per Qvartam hinauf / oder per Qvintam herunter ſpringet. E. gr.

§. 155. Hiermit beſchlieſſe ich dieſe meine andere curioſe Muſicaliſche Wiſſenſchafft - und Kunſt-Ubung/ den günſtigen
Leſer

Leſer freundlich bittende / Er wolle ſein Judicium dextrè, und
ohne Affecten adhibiren / und wofern Er befinden wird / daß
ich recht habe / mir ohne Neyd günſtigen Beyfall geben.   Solte Er aber befinden / daß ich irgendswo geirret / wolle Er mich
deſſen freundlich erinnern / und gedencken / daß in dieſer Sterb-
ligkeit niemand vollkommen ſey.   Weiß Er auch etwas beſſers
als ich / ſo wolle Er meinem Exempel nachfolgen / ſein Pfund
nicht vergraben / ſondern der Welt damit dienen.   Der Mu-
ſicaliſcher Wiſſenſchafft- und Kunſt-begierige Leſer aber erwarte
von mir eheſtens die Dritte Curioſe Muſicaliſche Wiſſenſchafft-
und Kunſt-Ubung de Qvintâ, Conſonantiâ perfectâ
omnium gratiſſimâ.

Soli DEO Gloria.

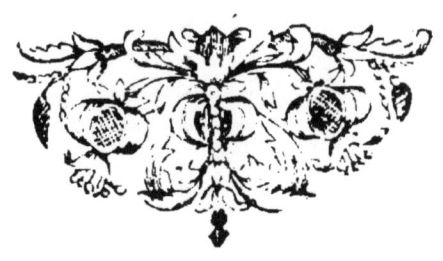